# BEI GRIN MACHT SICH IHR
# WISSEN BEZAHLT

- Wir veröffentlichen Ihre Hausarbeit,
  Bachelor- und Masterarbeit

- Ihr eigenes eBook und Buch -
  weltweit in allen wichtigen Shops

- Verdienen Sie an jedem Verkauf

## Jetzt bei www.GRIN.com hochladen
## und kostenlos publizieren

Julia Uhlitzsch

# Der Weltenwechsel in "Tintenherz" (Cornelia Funke) und "Die Unendliche Geschichte" (Michael Ende)

## Funktion in Bezug auf die Figuren und die Handlung

GRIN Verlag

**Bibliografische Information der Deutschen Nationalbibliothek:**

Die Deutsche Bibliothek verzeichnet diese Publikation in der Deutschen National-
bibliografie; detaillierte bibliografische Daten sind im Internet über http://dnb.d-
nb.de/ abrufbar.

Dieses Werk sowie alle darin enthaltenen einzelnen Beiträge und Abbildungen
sind urheberrechtlich geschützt. Jede Verwertung, die nicht ausdrücklich vom
Urheberrechtsschutz zugelassen ist, bedarf der vorherigen Zustimmung des Verla-
ges. Das gilt insbesondere für Vervielfältigungen, Bearbeitungen, Übersetzungen,
Mikroverfilmungen, Auswertungen durch Datenbanken und für die Einspeicherung
und Verarbeitung in elektronische Systeme. Alle Rechte, auch die des auszugsweisen
Nachdrucks, der fotomechanischen Wiedergabe (einschließlich Mikrokopie) sowie
der Auswertung durch Datenbanken oder ähnliche Einrichtungen, vorbehalten.

**Impressum:**

Copyright © 2011 GRIN Verlag, Open Publishing GmbH
Druck und Bindung: Books on Demand GmbH, Norderstedt Germany
ISBN: 978-3-656-00719-7

**Dieses Buch bei GRIN:**

http://www.grin.com/de/e-book/178609/der-weltenwechsel-in-tintenherz-cornelia-
funke-und-die-unendliche

**GRIN - Your knowledge has value**

Der GRIN Verlag publiziert seit 1998 wissenschaftliche Arbeiten von Studenten, Hochschullehrern und anderen Akademikern als eBook und gedrucktes Buch. Die Verlagswebsite www.grin.com ist die ideale Plattform zur Veröffentlichung von Hausarbeiten, Abschlussarbeiten, wissenschaftlichen Aufsätzen, Dissertationen und Fachbüchern.

**Besuchen Sie uns im Internet:**

http://www.grin.com/

http://www.facebook.com/grincom

http://www.twitter.com/grin_com

Stiftung Universität Hildesheim
Institut für deutsche Sprache und
Literatur

Marienburger Platz 22
31141 Hildesheim

*Die unendliche Geschichte* (Michael Ende) und
*Tintenherz* (Cornelia Funke)

# Der Weltenwechsel und seine Funktion in Bezug auf die Figuren und die Handlung

vorgelegt von:

Julia Uhlitzsch

# Inhaltsverzeichnis

*„ein [...] wesentliches Charakteristikum der Fantasy, wenn nicht sogar das
wesentlichste, [ist] das Vorhandensein von zwei Welten [...] "
(Rank, 2006, S. 17)[1]*

# 1. Einleitung

Das obige Zitat untermauert den Inhalt dieser Arbeit, welche sich mit den
unterschiedlichen Welten in phantastischer Literatur und dem Wechsel
zwischen ihnen beschäftigt. Hierfür werden Michael Endes *Die unendliche
Geschichte* und Cornelia Funkes *Tintenherz*[2] (Band I der Tinten-Triologie)
näher untersucht. Dabei wird speziell auf folgende Fragestellung eingegangen:
Welche Funktion hat der Weltenwechsel von Figuren für sie selbst oder die
Handlung?. Zunächst wird jedoch für das weitere Verständnis ein kurzer
Überblick über den Inhalt der Werke gegeben. Damit geht einher, dass auch die
unterschiedlichen Welten, zwischen denen ein Wechsel von Figuren stattfindet,
beschrieben werden. Folglich wird dieser Wechsel bei beiden Werken genauer
untersucht und dargestellt. Hierfür werden zuvor, mithilfe einschlägiger
Literatur, wichtige Erklärungen zum *2-Welten-Modell,* zur phantastischen
Schwelle und zu den Mustern der Reise in die sekundäre Welt aufgezeigt. Im
vorgegebenen Rahmen dieser Arbeit ist es realisierbar, jene wichtigen
Erklärungen und Definitionen für die anschließende Bearbeitung der
Fragestellung nach der Funktion des Weltenwechsels aufzuzeigen. Die Gattung
der Phantastik kann somit nicht vollständig und in ihren unterschiedlichen
Entwürfen von Literaturtheoretikern dargestellt werden.

---

[1] nach : Maria Nikolajevas: *The Magic Code. The use of magical patterns in fantasy for children.*
Stockholm: Almqvist+Viksell International 1988.
[2] Für die weitere Unterscheidung werden die Formatierungen *Tintenherz* und „Tintenherz" verwendet.
*Tintenherz* kennzeichnet das Buch, dass der Leser vor sich hat. „Tintenherz" ist folglich das Buch, von
dem die Geschichte in *Tintenherz* handelt.

# 2. Hauptteil

## 2.1 Inhaltsangabe

### 2.1.1 *Die unendliche Geschichte* von Michael Ende

*Die Unendliche Geschichte* von Michael Ende handelt von einem Jungen, Bastian Balthasar Bux, der eines Tages im Antiquariat von Karl Konrad Koreander ein Buch entdeckt. Der geheimnisvolle Titel des Buches verspricht viel und weckt das Interesse von Bastian, der leidenschaftlich gern Geschichten liest und erzählt. Kurzerhand beschließt er, das Buch, dessen Geschichte nie enden soll, zu stehlen. Mit seinem Diebesgut flüchtet er auf den Dachboden der Schule, der für ihn ein geeignetes Versteck ist. Hier beginnt er zu lesen und taucht in die wunderbare Geschichte um das Reich Phantásien ein. Dieses ist in großer Gefahr, weil die Kindliche Kaiserin, „Herrscherin" von Phantásien, schwer erkrankt ist und sterben wird. Mit dem Fortschreiten ihrer Krankheit wird auch Phantásien immer mehr vom „Nichts" verschlungen. Der Junge Atréju aus Phantásien macht sich im Auftrag der Kindlichen Kaiserin auf den Weg nach einer Lösung. Bei seiner Suche erlebt er viele Abenteuer und erfährt, dass es nur eine Möglichkeit gibt, die Kindliche Kaiserin und somit auch Phantásien zu retten. Sie braucht einen neuen Namen. Dafür benötigen sie jedoch die Hilfe eines Menschenkindes, das als einzige Person der Kindlichen Kaiserin einen neuen Namen verleihen kann. Bastian verleiht ihr den Namen Mondenkind und gelangt in Folge dessen auf wundersame Weise in das Reich Phantásien. In Phantásien wird er als Retter gefeiert und erhält von der Kindlichen Kaiserin die Macht, Phantásien neu zu erschaffen und sich alles zu wünschen. Für Bastian wird es eine lange Reise, doch die Erinnerung an seine eigene Welt verliert er mit jedem Wunsch mehr. Mit Atréjus Hilfe gelingt es ihm schließlich auf den Dachboden der Schule und somit in die Welt der Menschen zurückzukehren.

## 2.1.2 *Tintenherz* von Cornelia Funke

*Tintenherz* von Cornelia Funke handelt von dem Buchbinder Mortimer Folchart (Mo) und seiner Tochter Meggie. Mo hat die besondere Begabung, Menschen und Gegenstände aus Büchern herauszulesen. So geschieht es, dass er beim Vorlesen aus dem Buch „Tintenherz", den Bösewicht Capricorn und weitere Figuren herausliest. Dafür verschwindet jedoch seine Frau Resa, die nun als Tausch in der Tintenwelt leben muss.

9 Jahre später taucht eines Nachts Staubfinger auf, ein Gaukler aus der Tintenwelt, den Mo ebenfalls unbeabsichtigt herauslas. Staubfinger warnt Mo vor Capricorn, der an seinen Vorlesekünsten und dem Buch „Tintenherz" interessiert ist. Bevor dieser nämlich alle Exemplare gesammelt hat um sie zu vernichtet, will er sich den Schatten, einen Freund und eine gefährliche Kreatur, herauslesen lassen. Gemeinsam flüchten Mo, Meggie und Staubfinger vor Capricorn zu Meggies Großtante Elinor in den Süden. Bei Elinor will Mo das Buch vor Capricorn schützen und versteckt es in ihrer Bibliothek. Schließlich gelingt es Capricorns Männern, Basta und Flachnase, Mo mit dem Buch gefangen zu nehmen. Da Elinor „Tintenherz" jedoch ausgetauscht hat, besitzen sie zunächst ein falsches Buch. Meggie, Elinor und Staubfinger machen sich sofort mit dem richtigen Buch auf den Weg in Capricorns Dorf, um Schlimmeres zu verhindern. Meggie trifft derweil mit ihrem Vater im Gefängnis aufeinander, der ihr die ganze Geschichte über das Buch und ihre Mutter Resa erzählt. Im weiteren Verlauf folgt ein erbitterter Kampf um das Buch „Tintenherz". Nebenbei erfährt Meggie, dass ihre Mutter Resa bereits von einem anderen Vorleser herausgelesen wurde und in Capricorns Dorf lebt. Außerdem hat Meggie die Begabung ihres Vaters geerbt und soll nun für Capricorn den Schatten herauslesen. Fenoglio, der Erfinder von „Tintenherz", schreibt die Geschichte jedoch um und erwirkt somit die Vernichtung Capricorns und des Schattens. Neben der Befreiung etlicher Tintenwelt-Wesen wird Fenoglio, als Tausch für den Schatten, in die Tintenwelt gelesen. Mo, Meggie und Resa ziehen mit einigen Tintenwelt-Wesen in die Villa von Elinor ein.

## 2.2 Die verschiedenen Welten – eine kurze Beschreibung

### 2.2.1 Die unendliche Geschichte

Die Unendliche Geschichte enthält zwei Welten, über die der Leser Schritt für Schritt erfährt. Zu unterscheiden sind hierbei die reale Welt von Bastian Balthasar Bux und die Welt des Reiches Phantásien. Die reale Welt wird in Phantásien auch „die Äußere Welt" (Ende, 2011, S.109) oder „Menschenwelt" (ebd., S.155) genannt, in der so genannte Menschenkinder leben. Bastian ist eines von ihnen. Er lebt mit seinem Vater zusammen und geht nicht gerne in die Schule, weil er dort gehänselt wird. Bastians Vater hat den Tod der Mutter nicht verkraftet und flüchtet sich in seine Arbeit. Bastian hingegen widmet sich den Geschichten, für die er eine Leidenschaft entwickelt hat.

Neben der realen Welt von Bastian, gibt es Phantásien, eine Welt voller phantastischer Wesen. Diese sind „nicht nur ehrliche und gute Geschöpfe, sondern auch räuberische, bösartige und grausame". Daher leben auch nicht alle „in Frieden und Eintracht miteinander" (ebd., S. 21). Neben den unterschiedlichen Wesen besteht Phantásien aus mehreren Ländern, Meeren, Gebirgen und Flüssen. Himmelsrichtungen und Landschaften wechseln ständig, so dass man „aus einer sonnendurchglühten Wüste kommen und gleich daneben in arktische Schneefelder geraten" kann. (ebd., S.155).

### 2.2.2 Tintenherz

In Tintenherz existieren, ähnlich wie in Die unendliche Geschichte, zwei Welten. Unterschieden werden hierbei die reale Welt und die Tintenwelt, die der Leser im Verlauf der Handlung näher erläutert bekommt. In der realen Welt geht es hauptsächlich um Mo und Meggie, die in einem alten Haus wohnen, indem sich die Bücher am Boden stapeln (vgl. Funke, 2003, S. 11). Mo und Meggie haben eine ausgeprägte Leidenschaft für Bücher, der Mo vor allem in seinem Beruf als Buchbinder nachkommt. Durch seine Aufträge reist er viel mit Meggie, die in dieser Zeit nicht zur Schule geht. Neben den Figuren Mo und Meggie lässt sich die reale Welt weiterhin durch Aussagen von Staubfinger oder Elinor beschreiben. Staubfinger bezeichnet sie als „zu schnell, zu voll und zu laut" (Funke, 2003, S. 160) während Elinor der realen Welt „weder Geduld noch allzu viel Verständnis für Menschen, die etwas anders sind" (ebd., S. 562) zuschreibt. Neben der eben beschriebenen realen Welt gibt es die Tintenwelt. Resa beschreibt diese als eine Welt „voller Schrecken und Schönheit" (ebd., S. 561). Selbst Staubfinger bezeichnet sie als gefährlich, macht jedoch dabei keinen Unterschied zur realen Welt (vgl. ebd., S. 265). Die Bewohner der Tintenwelt sind etliche Riesen, Kobolde, Moosweibchen, Glasleute und Feen (vgl. ebd., S. 265). Ebenso wohnen dort auch Fürsten auf Burgen sowie Bauern und Bettler (vgl. ebd., S. 178).

## 2.3 Der Weltenwechsel

Um die Weltenwechsel in *Die Unendliche Geschichte* und *Tintenherz* genauer untersuchen und beschreiben zu können, erfolgen zunächst dafür notwendige Definitionen.

### 2.3.1 Das *2- Welten-Modell* nach Maria Nikolajeva

Mithilfe des *2-Welten-Modells* nach Maria Nikolajeva lassen sich die eben beschriebenen realen und phantastischen Welten genauer einordnen. In ihrer Gattungsbestimmung der Phantastik stellt Nikolajeva ein „wesentliches Charakteristikum" (Rank, 2006, S. 17[3]) heraus, welches das „Vorhandensein von zwei Welten" (ebd.) besagt. Dabei wird zwischen einer primären (reale Welt, Alltagswelt) und einer sekundären Welt (phantastische Welt, Anderswelt) unterschieden. Durch „die Art des Kontakts zwischen der primären […] und der sekundären […] Welt" (O´Sullivan, 2006, S. 8) entstehen folgende drei Modelle der Sekundärwelt:

---

[3] Rank und O`Sullivan beziehen sich auf Maria Nikolajevas: *The Magic Code. The use of magical patterns in fantasy for children.* Stockholm: Almqvist+Viksell International 1988.

*Modell 1 (geschlossene sekundäre Welt)*

Die geschlossene sekundäre Welt hat keinen Kontakt zur primären Welt. Die Geschichte spielt sich in einer Welt ab, „die vom Phantastischen in der Weise dominiert wird, dass mehrere nicht realistische gemeinte Figuren, Ereignisse oder Motive vorkommen" (ebd.). Die Primärwelt existiert jedoch, „weil angedeutet wird, dass Erzähler und Zuhörer/Leser in ihr leben." (Rank, 2006, S.17).

*Modell 2 (offene sekundäre Welt)*

Die offene sekundäre Welt nimmt in „irgendeine[r] Art und Weise Kontakt zur Primärwelt" (ebd.) auf. Somit treffen primäre und sekundäre Welt aufeinander und bestimmen beide den Text. Der Übergang zwischen den Welten wird meistens durch bestimmte „Schwellen und Umsteigepunkte realisiert" (O,Sullivan, 2006, S. 8).

*Modell 3 ( implizierte sekundäre Welt)*

Die implizierte sekundäre Welt ist durch phantastische Figuren oder Gegenstände in der Primärwelt präsent. Sie stellen somit einen „Kontrast zwischen dem Alltäglichen und dem Unmöglichen" (ebd.) dar. Die Sekundärwelt als solche wird im Text nicht dargestellt (vgl. Rank, 2006, S. 17).

## 2.3.2 Die phantastische Schwelle

Nikolajevas *2-Welten-Modell* stellt heraus, dass für einen Weltenwechsel mindestens 2 Welten existieren müssen. Der Übergang zwischen diesen Welten wird als „phantastische Schwelle" definiert. Dabei wird zwischen permanenten und temporären Schwellen unterschieden, also zwischen Schwellen, die den Übergang in die andere Welt jederzeit erlauben oder nur für eine begrenzte Zeit möglich machen. Hinzu kommt, dass die phantastischen Schwellen den Weltenwechsel in beide Richtungen nicht immer zulassen. So kann es sein, dass man in die sekundäre Welt, jedoch nicht zurück in die primäre Welt wechseln kann. Neben den Funktionen der phantastischen Schwelle, zählt Nikolajeva neun Varianten auf, die sich auf die Form einer phantastischen Schwelle beziehen. Somit kann diese, die Form einer Tür, eines Todes, eines Traumes, eines Boten, eines magischen Objekts, einer Zeitreisemaschine, eines technischen Gerätes, eines magischen Gegenstandes und einer magischen Eigenschaft annehmen (vgl. O´Sullivan, 2006, S. 12).

## 2.3.3 Drei Muster der Reise in die sekundäre Welt

Weiterhin hilfreich für die Charakterisierung eines Weltenwechsels sind die drei Muster der Reise in eine sekundäre Welt nach Nikolajeva. Sie unterscheidet dabei das lineare, zirkuläre und schleifenförmige Muster. Linear bedeutet, dass der Weltenwechsel nur in eine Richtung geschieht, zirkulär bedeutet dementsprechend einen einmaligen Weltenwechsel hin und zurück. Das schleifenförmige Muster sieht vor, dass der Weltenwechsel ebenfalls hin und zurück, jedoch mehrfach erfolgt.

## 2.3.4 Der Weltenwechsel in *Die unendliche Geschichte*

Die reale Welt von Bastian kann nach Nikolajevas *2-Welten-Modell* als primäre Welt definiert werden, neben welcher eine sekundäre Welt, genannt Phantásien, existiert. Weiterhin kann die sekundäre Welt Phantásien durch den Begriff der „offenen sekundären Welt" (siehe Modell 2) näher bestimmt werden. Jenes wird zum Beispiel mit dem Satz „Deshalb kamen sie gern zu uns nach Phantásien." (Ende, 2011, S. 168) belegt. Desweiteren lässt sich anführen, dass Atréju Bastians Schreckenschrei in Phantásien hört oder beide sich im Spiegel sehen können. Es kann demnach eindeutig herausgestellt werden, dass primäre und sekundäre Welt in Kontakt treten, beziehungsweise aufeinandertreffen. Hierbei erfolgt Bastians Reise in die sekundäre Welt Phantásien zirkulär, da er am Ende der Geschichte in seine Welt zurückkehrt. Als Übergang zwischen den Welten dient das Buch „Die unendliche Geschichte". Es stellt somit die phantastische Schwelle dar, die nach Nikolajeva in der Form eines magischen Objekts auftritt. Diese phantastische Schwelle funktioniert jedoch nicht für alle. Somit ist es nur den Menschen und dem

Weltenwanderer Gmork erlaubt, zwischen den Welten zu wechseln. Auch die Phantásier können den Übergang zur primären Welt über das „Nichts" schaffen, würden dort jedoch zu Wahnvorstellungen in den Köpfen der Menschen werden (vgl. Siebeck, 2009, S. 30). Folgende Aussage der Kindlichen Kaiserin fasst den Übergang zwischen den Welten zusammen: „Es gibt zwei Wege, die Grenze zwischen Phantásien und der Menschenwelt zu überschreiten, einen richtigen und einen falschen. Wenn die Wesen Phantásiens auf diese grausige Art hinübergezerrt werden, so ist es der falsche. Wenn aber Menschenkinder in unsere Welt kommen, so ist es der richtige. "(vgl. Ende, 2001, S. 168).


## 2.3.5 Der Weltenwechsel in *Tintenherz*

Die reale Welt von Meggie und Mo verkörpert in *Tintenherz* die primäre Welt. Als sekundäre Welt fungiert die Tintenwelt, welche als „implizierte sekundäre Welt" (siehe Modell 3) definiert werden kann. In diesem Fall gibt es einige Figuren der Tintenwelt wie zum Beispiel Staubfinger, Capricorn oder Basta, die durch das Herauslesen nun in der Primärwelt präsent sind. Die Tintenwelt als solche wird nicht im Text sondern höchstens durch Erzählungen der Figuren dargestellt. Der Übergang zwischen den Welten erfolgt wie in *Die unendliche Geschichte* durch eine phantastische Schwelle in Form eines magischen Objekts. Das magische Objekt, das Buch „Tintenherz", stellt jedoch nach Siebeck keine eindeutige phantastische Schwelle dar (vgl. Siebeck, 2009, S. 48). Das Buch „ist zwar für einen Übergang nötig" (Siebeck, 2009, S. 48), zusätzlich benötigt man aber die phantastische Schwelle in Form einer magischen Eigenschaft (siehe Punkt 2.3.2). In diesem Fall ist es das magische Lesen von Mo und Meggie, welches den Transfer der Figuren durch lautes Vorlesen des Textes ermöglicht (vgl. Siebeck, 2009, S. 49). Der Weltenwechsel wird jedoch nicht immer in beide Richtungen zugelassen, sodass die Reise der Figuren in die sekundäre Welt nach unterschiedlichen Mustern erfolgt. Am Beispiel Staubfingers liegt in *Tintenherz* ein lineares Muster vor. Er wurde vor Jahren aus der Tintenwelt in die Primärwelt gelesen, doch scheint es schwierig zu sein, ihn in seine geliebte Tintenwelt zurückzulesen. Bei Resa erkennt man das zirkuläre Muster, da sie nach Jahren wieder aus der Tintenwelt in die

Primärwelt gelangt. Resa wurde damals in die Tintenwelt gelesen, weil Staubfinger aus ihr herausgekommen war. Ebenso musste einer von Capricorns Männern Farid in Die Erzählungen aus 1001 Nacht ersetzen. Diese Beispiele zeigen, dass die Charaktere bei einem Weltenwechsel gegen Figuren der jeweils anderen Welt ausgetauscht werden. Welche Figur für diesen Austausch herhalten muss, ist dabei allerdings willkürlich und unvorhersehbar.

## 2.4 Die Funktion des Weltenwechsels

Nachdem der Weltenwechsel in Tintenherz und Die unendliche Geschichte genauer beleuchtet wurde, wird im Folgenden auf dessen Funktion eingegangen. Hierbei wird diese in Hinblick auf die Figuren und die Handlung genauer untersucht. Die Grundlage hierfür bilden folgende Definitionen:

Figur:

„ a) Person, Persönlichkeit (in ihrer Wirkung auf ihre Umgebung, auf die Gesellschaft) [...] c) handelnde Person, Gestalt in einem Werk der Dichtung [...]"[4]

Handlung:

„Abfolge von zusammenhängenden, miteinander verketteten Ereignissen, Vorgängen, die das dramatische Gerüst einer Dichtung, eines Films od. dgl. bildet"[5]

---

[4] Dudenredaktion (Hrsg.). (2011). Duden - Deutsches Universalwörterbuch (7. überarb. und erw. Auflage, S.600). Mannheim[u.a.]: Dudenverlag.
[5] Dudenredaktion (Hrsg.). (2011). Duden - Deutsches Universalwörterbuch (7. überarb. und erw. Auflage). Mannheim[u.a.]: Dudenverlag.

## 2.4.1 Die Funktion des Weltenwechsels in *Die unendliche Geschichte*

*>>Alle die bei uns waren, haben etwas erfahren, was sie nur hier erfahren konnten und was sie verändert zurückkehren ließ in ihre Welt. Sie waren sehend geworden, weil sie euch in eurer wahren Gestalt gesehen hatten. Darum konnten sie nun auch ihre eigene Welt und ihre Mitmenschen mit anderen Augen sehen. Wo sie vorher nur Alltäglichkeit gefunden hatten, entdeckten sie plötzlich Wunder und Geheimnisse.<< (Ende, 2011, S. 168)*

Die oben stehende Aussage der Kindlichen Kaiserin fasst die Funktion des Weltenwechsels für die Figur Bastian Balthasar Bux annähernd zusammen. Bastian wird als kleiner, dicker, unsportlicher Junge beschrieben, der in seinem alltäglichen Leben eher unglücklich ist. Seit dem Tod seiner Mutter lebt er mit dem Vater alleine, wird in der Schule gehänselt und gedemütigt. Von seinen Mitschülern wird er unter anderem Mondkalb, Aufschneider, Schwindler und Spinner (vgl. Ende, 2011, S. 9) genannt, weil er sich selbst Geschichten erzählt. Sahr´s Aussage, dass diesen Buchfiguren meistens alle charakteristischen Eigenschaften eines Helden fehlen, trifft auch auf Bastian zu (vgl. Sahr, 2001, S. 126). Weiterhin verkörpert er den unsicheren, ängstlichen und schwachen Menschen, der von seiner Umwelt nicht anerkannt wird oder familiäre Probleme hat, wie zum Beispiel den Tod eines Elternteils (vgl. ebd.) zu verarbeiten. Mit seinem Wechsel in die sekundäre Welt Phantásien ändert sich jedoch alles. Bastian wird vom „kindliche[n] Außenseiter […] zum Helden, der zahlreiche phantastische Abenteuer besteht." (Nickel-Bacon, 2006, S. 49). Er ist von nun an hübsch, mächtig, stark und mutig. Als Retter Phantásiens wird er zudem von allen Wesen respektvoll behandelt. Nach und nach vergisst Bastian jedoch sein altes Leben und verweigert den Weg zurück in die Menschenwelt. Er wird überheblich und hochmütig, kämpft sogar gegen seine Freunde um Kaiser von Phantásien zu werden. Siebeck bezeichnet diese Entwicklung als „Realitäts- und Selbstverlust" (Siebeck, 2009, S. 108) und räumt ein, dass „Der Wunsch, gänzlich in ein Buch einzutauchen und selbst an Stelle des Protagonisten zu sein, […] als gefährlich entlarvt werden" (ebd.) kann. Jenes führt soweit, dass Bastian alle Erinnerungen an seine Welt und seine Identität vergisst, so dass er schließlich freiwillig seine reale Identität wiederhaben möchte. Die Freude darüber, sein altes Ich am Ende wiedererlangt zu haben, lässt Bastian verändert in die primäre Welt zurückkehren. An der Darstellung des Entwicklungsprozesses der Figur Bastian kann demnach die Funktion des Weltenwechsels als Selbstfindung und Initiation herausgestellt werden.

Neben den Figuren kann auch die Funktion des Weltenwechsels in Hinblick auf die Handlung bestimmt werden. Hier ist anzuführen, dass sich durch den Weltenwechsel sowohl die Handlung in der primären als auch in der sekundären Welt verändert. Die Handlung der primären Welt ändert sich vor allem durch das Verschwinden von Bastian, was zur Folge hat, dass der Vater seinen Sohn wieder „wahrnimmt". Weiterhin scheint die Veränderung der seelischen Verfassung des Vaters und des Sohnes in Zukunft ein sorgenfreieres Leben zuzulassen.

Durch den Wechsel von Bastian in die sekundäre Welt Phantásien, wird diese vor dem „Nichts" gerettet. Wäre der Wechsel nicht vollzogen worden, gäbe es wahrscheinlich auch kein Phantásien mehr. Die Handlung in der sekundären Welt wird weiterhin durch Bastians Wünsche entwickelt, beziehungsweise neu geschaffen. So entstehen zum Beispiel Orte wie Perelin, der Nachtwald oder Goab, die Wüste der Farben, in denen er neue Abenteuer erlebt. Siebeck bezeichnet Bastian daher als „Autor und Protagonist seiner eigenen Geschichte." (Siebeck, 2009, S. 27). Zusammenfassend ist zu sagen, dass der Weltenwechsel in Bezug auf die Handlung eine verändernde Funktion hat. Handlungen werden in diesem Fall vor dem „Aussterben" gerettet, neu geschaffen und auch verändert.

## 2.4.2 Die Funktion des Weltenwechsels in *Tintenherz*

>>Sie kamen heraus<<, sagte er. >>Plötzlich standen sie da, in der Tür zum Flur, als wären sie von draußen hereingekommen<<. (Funke, 2003, S. 153)

Die eben aufgeführte Aussage von Mo kennzeichnet den Zeitpunkt, an dem die Handlung vor 9 Jahren einen anderen Verlauf nahm. Das ist die Folge daraus, dass ein Weltenwechsel von Figuren stattfand. Demzufolge ist festzuhalten, dass sich zunächst die Handlung in der primären Welt geändert hat. Das plötzliche Erscheinen der Figuren aus dem Buch „Tintenherz" verändert Meggies und Mos Leben schlagartig. Die Mutter Resa ist aus der Handlung der primären Welt verschwunden und beide müssen von nun an alleine leben im Kampf um das Buch „Tintenherz". Nichts ist wie früher und wird sich auch weiterhin durch die Figuren aus „Tintenherz" ändern. Jenes lässt sich mit dem oben genannten Vorfall von Mo aus der Vergangenheit erklären, den Siebeck als Lese-Unfall bezeichnet (vgl. Siebeck, 2009, S. 47). Das Buch „Tintenherz" hat für Meggie und Mo und die Figuren, die herausgelesen wurden, bestimmte Bedeutungen (ebd.) beziehungsweise Motive, die unter anderem die Handlung auslösen (ebd., S. 48). So gibt es Capricorn, den Bösewicht aus der Tintenwelt, der alle „Tintenherz"- Exemplare verbrennen will, damit er nicht mehr in die Tintenwelt zurückgelesen werden kann. Für Staubfinger hingegen ist das „Zurück[...]kehren in seine Geschichte, das [...] Einzige, was er sich wünscht." (Funke, 2003, S. 161). Dazu braucht er jedoch ein Exemplar von „Tintenherz", durch das er eventuell in seine Tintenwelt zurückkehren kann. Darüber hinaus braucht Mo ebenfalls ein Exemplar, da er die Hoffnung hat, seine Frau Resa irgendwann herauslesen zu können. Aufgrund der eben genannten Motive, beginnt laut Siebeck eine „Buchjagd" (ebd.), die aus Ereignissen besteht, die aufeinander aufbauen beziehungsweise zusammenhängen.

*Staubfinger: >>Er hat das Buch verbrannt, also nehme ich ihm [Capricorn] den Vorleser wieder weg, den ich ihm gebracht habe<< (Funke, 2003, S. 214).*

Diese Aussage ist nur ein Beispiel von vielen Ereignissen, die die Handlung weiterentwickeln beziehungsweise verändern. Daher lässt sich der Weltenwechsel von Figuren in Bezug auf die Handlung durch seine auslösende und änderbare Funktion charakterisieren. Ob die Handlung in der sekundären Welt, der Tintenwelt, durch den Wechsel von Figuren verändert wird oder neue Handlungen dadurch ausgelöst werden, kann nicht eindeutig identifiziert werden, da die Handlung von *Tintenherz* in der primären Welt angesiedelt ist. Somit können nur Vermutungen angestellt werden, die auf Aussagen von Figuren basieren. Beispielsweise äußert Resa, dass man sich in der Tintenwelt erzählt, Capricorn sei verreist (vgl. Funke, 2003, S. 163). Jenes könnte bedeuten, dass er wirklich aus der Tintenwelt verschwunden ist und somit sein Tod in der Primärwelt auch den Handlungsverlauf in der sekundären Welt verändert. Da die Geschichte trotzdem immer noch von ihm handelt, kann darüber nur spekuliert werden. Demnach kann zusammengefasst werden, dass der Weltenwechsel zweifelsohne eine auslösende und änderbare Funktion auf die Handlung in der Primärwelt hat.

Neben der Handlung kann weiterhin untersucht werden, ob der Weltenwechsel von Figuren sich auch auf sie selbst auswirkt. Folgende Textpassagen zeigen zum Beispiel, dass Figuren wie Basta bestimmte charakteristischen Eigenschaften durch einen Weltenwechsel nicht ablegen:

*>>Ist Basta eigentlich immer noch so abergläubisch?<<, fragte Fenoglio irgendwann. >>Ja sehr<<, antwortete Meggie. >>Staubfinger zieht ihn gern damit auf<<. (Funke, 2003, S. 346)*

*>>Und du? <<, fragte er leise, während er Basta das brennende Hölzchen vors Gesicht hielt. >>Du hast immer noch Angst davor, stimmt´s?<< Basta schlug ihm das Streichholz aus der Hand. (Funke, 2003, S. 176)*

Basta ist also auch in der Primärwelt sehr abergläubisch und hat Angst vor dem Feuer. Weiterhin gibt es Capricorn, der sowohl in der sekundären als auch in der primären Welt ein Bösewicht ist und auch keine Anzeichen einer Charakteränderung während des Handlungsverlaufs erkennbar sind. Durch zahlreiche Erzählungen erfährt der Leser, dass die Figuren sich in der Primärwelt nicht verändern und genauer gesagt so sind, wie sie im Buch „Tintenherz" beschrieben werden. Auch wenn Staubfinger durch den Weltenwechsel zum Beispiel teilweise das Lesen und Schreiben erlernt oder Resa ihre Stimme verliert, haben sie trotzdem noch ihre Einstellungen und Werte. Somit kann zusammenfassend gesagt werden, dass der Weltenwechsel von Figuren für die Figuren an sich und ihren Charakter unbedeutend ist. Vereinfacht gesagt, böse bleibt böse (Capricorn) und gut bleibt gut (Resa).

### 2.4.3 *Tintenherz* und *Die unendliche Geschichte* im Vergleich

Nachdem die Funktion des Weltenwechsels von Figuren für sie und die Handlung in *Tintenherz* und in *Die unendliche Geschichte* genauer untersucht wurde, kann schlussendlich ein Fazit gezogen werden. Grundsätzlich kann festgehalten werden, dass der Weltenwechsel Auswirkungen auf Figuren und Handlung haben kann. Der Vergleich von *Tintenherz* und *Die unendliche Geschichte* zeigt, dass in Bezug auf die Handlung eine ähnliche Funktion herausgestellt werden konnte. Der Weltenwechsel von Figuren bewirkt, dass neue Handlungen entstehen und bestehende verändert werden können. Der Unterschied der beiden Werke befindet sich dabei nur in Hinblick auf die Handlung der sekundären Welt. In *Die Unendliche Geschichte* erfährt der Leser, dass die Handlung der sekundären Welt neu geschaffen wird. Hingegen ist in *Tintenherz* über die Veränderung der Handlung in der sekundären Welt nur zu spekulieren.

Der Weltenwechsel in Bezug auf die Figuren erhält bei beiden Werken eine unterschiedliche Funktion. Während Bastian durch den Weltenwechsel zu sich selbst findet und verändert in die Primärwelt zurückkehrt, bleiben die Figuren in *Tintenherz* in beiden Welten sie selbst.

# 3. Fazit

Im Laufe meiner Arbeit konnte ich feststellen, dass das Existieren von zwei Welten in phantastischer Literatur zweifelsohne ein komplexes Charakteristikum darstellt. Die Welten und der damit verbundene Wechsel zwischen ihnen konnte daher aus unterschiedlichsten Perspektiven untersucht werden. Anhand der vorliegenden Literatur musste ich erkennen, dass das Thema weitaus tiefgreifender behandelt werden kann und noch viele andere Hintergründe beleuchtet werden könnten. Da der Rahmen dieser Arbeit jenes jedoch nicht zulässt, mussten an vielen Stellen Informationen gekürzt und sogar augelassen werden. Dennoch denke ich, dass die entsprechenden Ausarbeitungen ausreichend waren, um die Fragestellung in Bezug auf die Funktionen des

Weltenwechsels für Figuren und Handlung klären zu können. Insgesamt konnte ich bei meiner Erarbeitung feststellen, dass das Thema sehr interessant ist und, trotz anfänglicher Zweifel meinerseits, aus den ausgewählten Werken diesbezüglich einiges herausgearbeitet werden konnte. Zudem habe ich beim Lesen einen anderen Blick auf die einzelnen Werke entwickelt, der in Zukunft bestehen bleiben wird.

# Literaturverzeichnis

Dudenredaktion (Hrsg.). (2011). *Duden - Deutsches Universalwörterbuch* (7. überarb. und erw. Auflage). Mannheim[u.a.]: Dudenverlag.

Ende, M. (2011). *Die unendliche Geschichte* (5. Auflage). München: Piper.

Funke, C. (2003). *Tintenherz.* Hamburg: Cecilie Dressler.

Heber,S. (2010). *Das Buch im Buch. Selbstreferenz, Intertextualität und Mythenadaption in Cornelia Funkes Tinten-Triologie.* Kiel: Ludwig.

Nickel-Bacon, I. (2006). *Alltagstranszendenz. Literaturhistorische Dimensionen kinderliterarischer Fantastik.* In Knobloch & Stenzel (Hrsg.), Zauberland und Tintenwelt. Fantastik in der Kinder- und Jugendliteratur (Beiträge Jugendliteratur und Medien, S. 39-51). Weinheim: Juventa.

O´Sullivan, E. (2006). *Phantastische Kinder- und Jugendliteratur.* Wien: Stube.

Rank, B. (2006). *Phantastik in der Kinder- und Jugendliteratur.* In Knobloch & Stenzel (Hrsg.), Zauberland und Tintenwelt. Fantastik in der Kinder- und Jugendliteratur (Beiträge Jugendliteratur und Medien, S. 10-25). Weinheim: Juventa.

Sahr, M. (2001). *Ein ABC der Kinder- und Jugendliteratur.* Baltmannsweiler: Schneider Verlag Hohengehren.

Siebeck, A. (2009). *Das Buch im Buch. Ein Motiv der phantastischen Literatur.* Marburg: Tectum.